AF242373

PROGRAMME

D'UNE

MISSION EN CHINE

FAIT ET ADRESSÉ

PAR A. S. BELLÉE,

Avocat à la Cour Royale de Paris,

A M. THIERS,

MINISTRE DES AFFAIRES ETRANGÈRES,

PRÉSIDENT DU CONSEIL DES MINISTRES,

LES 19 MARS ET 16 AVRIL 1840.

AVANT-PROPOS.

Au printemps de 1840, comme il n'était bruit que des armements et préparatifs formidables que faisait l'Angleterre contre la Chine, beaucoup de personnes crurent que c'en était fait de cette fois de l'Empire chinois, et que les portes de cette mystérieuse contrée, à nous définitivement ouvertes par cette guerre, nous allions pouvoir désormais, par le commerce et les affaires, la visiter et explorer tout à notre aise. L'auteur du *Programme* que l'on va lire ci-après, ne le pensait pas, lui. Il savait que la Chine, depuis la découverte de l'Asie par l'Europe, a résisté plusieurs fois à des chocs plus violents que celui qu'on préparait contre elle; et que si, depuis cent cinquante et quatre-vingts ans, intervalles où elle a eu plusieurs fois à se défendre, les principales nations de l'Europe se sont agrandies et ont perfectionné, d'une manière extraordinaire, leurs moyens d'attaque, la

Chine, de son côté, n'est pas restée sans mouvement, et qu'elle a marché, comme cela a toujours lieu, au surplus, en elle, par la nature de *son principe religieux et politique*, que tant de personnes ici, par ignorance et incapacité intellectuelle, prennent pour l'inertie et la mort. Non, la Chine ne sera pas vaincue, n'ouvrira pas, sans son contrôle personnel et exclusif, ses portes au commerce de l'Angleterre; et ceux des savants qui avaient tant compté sur la commission scientifique que devait emmener le général en chef, pour leur faire connaître le fond de ce pays, en seront pour leurs espérances. Pendant plus de six cents ans l'Égypte antique a su résister aux chocs dévastateurs des Scythes et des Barbares; et si ce pays n'avait pas été une toute petite nation, jamais ces barbares ne l'auraient vaincue. Les populations des archipels de la Méditerranée, toujours anarchiques comme le sont les populations purement maritimes et d'îles, commencèrent à y introduire, par la navigation et le commerce, une anarchie d'idées qui produisit bientôt des troubles et des insurrections *par en bas*. Dans ces troubles, les dynasties et les grandes races pharaoniques gouvernementales de Thèbes, périrent. Des races inférieures, abâtardies et crétines, au moral et au physique, des villes demi-grecques de la Basse-Égypte, les remplacèrent; et l'Égypte fut bientôt désorganisée et vaincue : d'abord par les Perses, et puis plus tard perdue tout à fait par les démocraties grecque et romaine. Mais les familles et races supérieures en Chine, ayant encore aujourd'hui, malgré la difficulté des temps, la *notion de l'unité-multiple-musicale qui constitue et anime l'univers et forme la Loi de leur Empire, et non la pluralité égalitaire des Occidentaux*, sont nombreuses et remplies de vie; et c'est *cette notion* qui leur donne cette foi, cette persévérance invincible que nous voyons en ce pays; notion, persévérance et foi que n'eurent pas les Romains : ce qui les conduisit à ouvrir leurs portes à plusieurs idées et systèmes qui les perdirent. Comme ce *Programme*, pris dans son ensemble, est une pièce assez importante par l'ignorance où la très grande majorité est ici sur le *fond* des nations asiatiques ; que sur ces séries des nombreuses questions qui y sont énumérées, il n'y en pas une qui ne résulte, d'un *principe*, d'un *dogme*, d'une *institution*, d'un *usage*, d'un *fait*, dans l'Empire chinois et les nations transgangétiques en général, le Japon même, jusqu'à un certain point, quoique si peu connu, y compris ; que, d'un autre côté, aucune de ces questions ne forme pléonasme avec celles qui peuvent la précéder ou la suivre, on a cru devoir, après bientôt deux ans de date et lorsque la question est toujours pendante, lui donner la publicité de l'impression. Cette publicité, d'ailleurs, mettra à même de mieux comprendre l'importance de la question.

A.-S. B.

Paris, 4 octobre 1842.

A M. LE MINISTRE DES AFFAIRES ÉTRANGÈRES.

Paris, 19 mars 1840.

MONSIEUR LE MINISTRE,

La France, par le rang qu'elle tient en Europe, et la place qu'elle a de tout temps occupée en Asie, ne peut rester sans représentants dans la lutte qui va s'engager entre la nation anglaise et l'Empire chinois, et représentants placés à divers points de vue ; afin qu'aucunes des faces de questions qui peuvent tant l'intéresser, ne lui échappent. Or, au milieu des points de vue que va présenter la collision, ceux maritimes et de stratégie navale peuvent très bien être remplis par la présence dans les mers de la Chine d'une ou de quelques frégates, montées de marins intelligents; mais ils ne sont pas les seuls et les plus importants. La politique de cette guerre, sur les lieux; l'action militaire de la nation européenne belligérante, sur le territoire chinois; la stratégie et tactique dont va se servir ce dernier peuple, si les Anglais tentent de faire ou font une descente sur son territoire; l'examen et la connaissance pour nous de plusieurs institutions indiquées plus bas, tout cela demande la présence à Canton, et toujours autant que possible sur le territoire de l'Empire, d'une personne toute spéciale par ses connaissances et son aptitude.

En effet, MONSIEUR LE MINISTRE, cette question *anglo-chinoise* se complique de questions *neuves, et très difficiles à démêler* dans le jeu d'un *ordre de société* si différent du nôtre, en ce qu'il repose sur une philosophie et des principes politiques *non compris* ici : à moins que de quelques personnes ; de celles s'étant livrées à l'étude des sociétés de la haute antiquité, desquelles participent tant les sociétés orientales, et par dessus tout l'Empire chinois ; et encore de personnes s'en étant occupées autrement que par l'étude des formes grammaticales et mortes du langage, mais de la forme concrète même, et de la théorie de cette forme, c'est-à-dire de son dogme, de son histoire, et de tous les faits qui la constituent.

Aussi est-ce une chose à remarquer, que ceux qui se sont livrés à l'étude de la langue d'un des Empires quelconques de l'Orient, connaissent infiniment moins la forme sociale, la vie de cet Empire, le jeu de ses institutions, de son action sociale enfin, que celui qui, à l'aide des documents de toute sorte et des traductions en langues européennes et classiques qui abondent tant dans les bibliothèques, s'est livré à l'étude de l'histoire et des monuments de cet Empire : L'un, en effet, peut prononcer quelques mots de sa langue, mais mots encore avec lesquels il ne pourra se faire comprendre dans ce pays, si les circonstances l'y conduisaient, ne les prononçant pas bien ; l'autre, qu'il s'y trouve transporté, et il démêlera dès en arrivant, par la vue des actes du pouvoir et de la population, les mobiles : la pensée et le but qui font produire ces actes.

Or le soussigné est dans ce cas, et à même, Monsieur le Ministre, de comprendre la société chinoise et les principes de son gouvernement, par l'étude approfondie qu'il a faite du *principe* et de la *forme* des sociétés asiatiques chinoises et indiennes ; et peut, si Votre Excellence veut bien lui confier une mission *, éclaircir pour notre administration une

---

* Depuis 1830, une foule de missions ont été ainsi confiées : en Hollande et en Prusse pour y examiner l'éducation primaire et secondaire, en Angleterre et en Ecosse pour les chemins de fer et la fabrication, en Amérique pour y voir les travaux et fonctionner les banques, en Allemagne les institutions littéraires et scientifiques, dans toute l'Europe et aux États-Unis pour le système pénitentiaire, etc., etc.

foule de points de ces sociétés qu'il lui serait si important de connaître : PAR EXEMPLE, l'esprit de la forme sociale chinoise, la nature et le mouvement des institutions administratives, judiciaires et gouvernementales de ce Peuple ; les institutions locales ou municipales, leur liaison ou engrenage avec celles gouvernementales ; le système d'éducation, les modes d'enseignement, l'ordre des études ; l'organisation et l'action du tribunal historique, celles du tribunal des censeurs, celles des institutions littéraires, scientifiques et théologiques. L'action du PONTIFICAT sur la société, à côté de l'action gouvernementale proprement dite ; la forme et la synthèse du culte, le principe, l'administration et le mode des travaux publics ; l'activité industrielle et commerciale de la population, à côté de cette activité de *même nature* dans les mains de l'état ; le parallélisme et la forme des rapports de l'armée et de son gouvernement, avec la population et l'administration civile du territoire ; le signe ou les signes représentatifs des valeurs, du point de vue politique et de l'économie politique ; le rapport des impôts commerciaux avec les produits de la fabrication et du commerce, celui des produits de l'industrie agricole, vis-à-vis des avantages de la fabrication et des bénéfices du marchand ; des produits de la culture effective au profit du fermier, par rapport aux fermages à payer par lui au propriétaire ; ET PAR DESSUS TOUT, Monsieur le Ministre, le règlement des ateliers, la connaissance du principe des rapports des ouvriers et des travailleurs, en général, avec les maîtres, fabricants et patrons ; la distribution et manutention des produits et des denrées par le commerce , et les règles du partage des avantages entre les travailleurs et les maîtres ; enfin , l'esclavage , les principes sur lesquels il repose , et les relations du maître à l'esclave et de l'esclave au maître , comme déduction de ces principes. Toutes choses , Monsieur le Ministre, vu l'état présent de nos sociétés européennes et coloniales , les passions et les misères qui les travaillent, qu'il serait de la plus haute importance pour notre gouvernement et notre administration de connaître, et que je me sens capable de transmettre dans une série de rapports, ou même un seul rapport, au moyen d'un séjour de quelque temps, soit à Canton, dans d'autres endroits de l'Empire , s'il est possible, ou même dans les parages , si les circonstances ne permettaient pas de séjourner long-temps ou même de mettre pied à terre à présent dans cette société. Veuillez, Monsieur le Ministre, réfléchir à ma proposition : il va sans dire que la mission que j'ai l'honneur de solliciter de Votre Excellence, embrasserait nos rapports et tous les rapports commerciaux qu'il serait possible d'établir avec avantage pour nous, dans l'Empire chinois, et les nations de l'Asie orientale , en général, où je pourrais spontanément ou forcément me trouver à séjourner.

Note complémentaire adressée à **M. Mignet**, *aux Affaires étrangères, pour être jointe au* **Programme** *qui précède d'une* **Mission en Chine**, *envoyé à* **M. Thiers**.

Paris, 16 avril 1840.

Monsieur,

Dans l'entretien que j'ai eu l'honneur d'avoir avec vous hier au sujet de la mission indiquée ci-dessus, par la manière dont vous m'avez paru l'envisager, je crois devoir y revenir par quelques mots de commentaires ou quelques éclaircissements. Cela me semble d'ailleurs indispensable pour le sujet lui-même auprès de Monsieur le Ministre, car Son Excellence, tant occupée d'autres affaires, n'aurait pas le temps de rechercher sous quelles faces une mission pareille peut être utile ou nécessaire.

Je disais donc que des missions on en avait fait presque partout et sur une foule de sujets, depuis 1830 ; qu'il y en avait en ce moment même en Allemagne et en Abyssinie ; qu'il y en avait à bord de M. Dumont-d'Urville, *jusque sur la phrénologie*, pour étudier les *crânes* des sauvages de l'océan Pacifique ; dans d'autres endroits encore ; qu'il y en avait aussi en Perse, qui est une contrée aujourd'hui barbare, ténébreuse et sans aisances, depuis près de vingt siècles, mais surtout depuis douze cents ans. Que les envois du trop malheureux *M. Schulz*, les inscriptions cunéiformes, les médailles trouvées dans la Bactriane, pouvaient bien être très précieux pour éclaircir divers points de l'histoire de la moyenne antiquité ; mais que la dévastation guerrière idéologique (athée ou mystique) ayant tout ou à peu près tout anéanti de l'ancienne société dans cette contrée, les inscriptions cunéiformes ne produiront jamais, quand même on parviendrait à en déchiffrer quelque chose, que des données extrêmement conjecturales, sur le principe, l'action, la forme et l'image de l'antique société Perse. Tandis qu'il est incontestable que la vue de la société chaldéenne aux temps de Sémiramis, par exemple, ou de la Perse sous le règne de Cyrus, serait pour nous, sous tous les rapports : aussi bien sociaux, politiques, qu'académiques, d'une immense importance, ainsi que celle d'Egypte aux temps de Rhamsès ou de Mœris. Or l'Empire chinois, plein de vie à l'heure qu'il est, et présentant à l'œil de l'observateur, par sa forme, ses cultes et son dogme, une de ces grandes sociétés *d'il y a quarante-cinq siècles*, à de simples différences de détails près, est un *pays* dont l'examen (fait de haut) serait, je ne crains pas de l'avancer, d'une importance immense, colossale pour nous, pour la nation à laquelle l'Empire de l'Europe ou tout au moins moral sur l'Europe, que quelques hommes le veuillent ou ne le veuillent pas, ne peut manquer d'appartenir, et bientôt ! — Il y a en Europe considérablement de documents sur la Chine : Eh bien ! qui sait ici, à l'heure qu'il est, quelque chose de général sur ce pays ? Des fragments, de petits faits, des détails de mœurs, de culte, et sur quelques objets de fabrication. Parce que, en général, les choses larges, profondes, synthétiques, les livres profonds, ne servent qu'à ceux qui peuvent faire des œuvres profondes : et qu'est-ce qui en fait ici en ce moment-ci! Quelle est la nature du pouvoir dans cette société? est-ce une monarchie ou une république couronnée d'un président héréditaire, d'une hérédité selon l'ordre de la naissance et fatalement, ou d'une hérédité du sang et de l'esprit, selon des règles de l'intelligence supérieure et l'amour? Y a-t-il dans cette société un code de politique, ou est-ce purement une pensée administrative empirique, ayant pour toute science quelques précédents? Ce code de politique, s'il y en a un, est-ce une vieille histoire, remontant haut seulement, un simple récit sans *a priori* pour foi chez le premier historien, ou une histoire non seulement longue et vieille, mais faite en considération d'une pensée théologique, d'un dogme, c'est-à-dire d'une certaine science de Dieu et des choses? Dans ce cas, quel est ce dogme, quelle est cette science? A-t-elle revêtu simultanément plusieurs formes : seulement une ou jusqu'à trois? dans ce cas, pourquoi *trois*, quand l'Européen n'en conçoit qu'une, et même que le plus grand nombre des lettrés de cette contrée n'en conçoit pas du tout? Si la pensée théologique a revêtu simultanément plus de trois formes, combien en a-t-elle revêtu? Ou ces formes du dogme ont-elles été *une*, et seulement variées dans la succession historique et des siècles? S'il y a un dogme ou une science de Dieu et des choses, qu'a fait et que fait cette science sur la pensée politique? Celle-ci a-t-elle été indépendante, ou bien imbue et croyante de l'autre : l'exécutrice dans les actes collectifs et individuels de la première? si elle l'a été, la forme sociale, la forme matérielle et temporelle de l'Empire chinois a donc été et peut être encore aujourd'hui, *comme l'idée, comme l'image que cet Empire se fait ou se représente des cieux, des œuvres de Dieu!* Dans le cas contraire, comment cette forme sociale, qui est dès lors sans synthèse, sans unité ni harmonie, est-elle administrée, gouvernée? Dans le cas d'existence d'un dogme comme science et type de vie et du travail social, cet Empire a-t-il bien déduit et traduit pour ses actes et manière d'être? Y a-t-il dans l'univers, et spécialement sur la terre (au moins dans les êtres militants qui l'habitent), *des individus,* ou *des familles* ou *chœurs, des unités* ou *sommes,* ou *des nombres* ou *puissances, des agitants* ou *des concertants?* Y a-t-il pensée théologique et politique de progrès *indéfini* de l'espèce humaine sur la Terre, ou sentiment que toute science pour l'homme consistant dans une observance et dans une imitation de la loi de Dieu (*loi connue*), le terme de la parfaite sagesse pour lui est cela, et puis de perfectionner doucement, en coulant des jours en paix, sans plus s'agiter? Que présentent sur l'une ou l'autre de ces vues la vie et la forme sociale de l'Empire chinois? Est-ce un despotisme, une action politique *une, compressive* et *non multiple,* ou *une* et *multiple, élastique* et *libérale,* qui règne là? Quelle y est la part de la société et communauté sur et vis-à-vis de l'individu par rapport à l'activité de celui-ci, et des droits à son profit et au profit des siens ou de ses affections? Le droit de propriété y existe-t-il; quelle est sa nature? la propriété y est-elle collective et sociale, ou individuelle et héréditaire? Pourquoi un nom politique autre que celui civil et de famille, et la marche ensuite de ce nom comme les importances et positions sociales occupées par l'individu chez lequel elles se présentent, au lieu d'un nom de famille civil, unique et invariable, quelle que soit la carrière parcourue par lui, comme ici en Europe? S'il y a dogme là, religion et politique, quel est et comment *fonctionne le* PONTIFICAT avec le gouvernement : en d'autres termes, lorsque les deux puissances ici n'ont jamais pu s'entendre, et que leurs divergences ont été à peu près cause de toutes les collisions et révolutions qui ont ensanglanté et bouleversé l'Europe, comment ces deux puissances s'entendent et fonctionnent-elles là? Le gouvernement, qui a dans sa main l'exercice d'une immense action industrielle à côté d'une autre action industrielle et commerciale dans les mains des particuliers, également immense, comment ces deux actions, sortant d'un dogme, si elles en sortent, fonctionnent-elles sans monopoles, collisions ou oppression de l'une sur l'autre? et la fabrique, l'industrie et le commerce ensuite, avec les classes ou individus vivant exclusivement de leurs bras, les unes vis-à-vis des autres, par rapport au partage des avantages et aux taux des salaires, pour qu'il n'y ait jamais d'émeutes, coalitions, troubles et perturbations intérieures, comme on remarque que cela a lieu? Et quant aux impôts, pourquoi sont-ils comme la récolte : en denrées pour le laboureur et le producteur et en argent pour le marchand, au lieu d'être exclusivement et uniquement en argent, comme en Europe, etc.? Et de cent autres points sociaux, touchant les canaux, les voies de communications, les transports, le commerce intérieur, pour faire que la marchandise soit toujours, quant à son prix, en parfait rapport avec la distance de son lieu de consommation à son lieu de production. Les docks ou débarcadères, l'intérêt de l'argent, les caisses et associations de secours mutuels, les banques, les maisons de prêt sur gages; le *balancement* ou *oscillation de l'argent avec la monnaie qui est le signe unique de représentation des valeurs*, de manière à conduire à sa circulation incessante et à empêcher son accumulation, sa thésaurisation, l'avarice et ses vices; l'économie politique-sociale, et quant au ménage; les foires et marchés, l'agriculture, la manipulation et conservation des grains, l'éducation des troupeaux, celle des chevaux, des abeilles, etc.; la stéarine qui date d'hier ici, et qui a mille ans là; la cire extraite de ces insectes, de toutes sortes de graisses et d'huiles, de plusieurs arbres; la gélatine, tirée des os, pour l'alimentation des hommes et des chevaux, et dont s'est maintes fois servi ce Peuple dans ses guerres contre des tribus nomades du centre de l'Asie, que ses généraux, ne pouvant atteindre qu'en traversant des déserts arides, emportaient en croupe, dans des sacs ou boîtes, pour en vivre pendant des mois entiers; or cette découverte date de vingt ans ici et pas même. L'organisation de l'armée, la science de la guerre de ce Peuple extrêmement savante du point de vue des armes dont il se sert, etc., etc. Et bien d'autres questions ou points d'une extrême importance à connaître. Le *genre d'esclavage existant là*, qui *n'a aucun rapport avec celui de l'empire romain d'il y a vingt siècles*, et actuel des nations de l'Europe, soit comme g*lèbe*, soit comme *noirs* dans les colonies ; surtout lorsque cet esclavage suscite aujourd'hui ici les plus graves difficultés, que tout en est réduit à l'empirisme là-dessus, et que l'on ne voit agir qu'à tâtons.

L'action du collége des RITS, par rapport aux tribunaux de l'action gouvernementale temporelle ; celle du tribunal des CENSEURS, à côté de l'action souveraine dans les mains du Prince ; du tribunal HISTORIQUE, par rapport aux ménagements nécessaires envers le pouvoir, touchant les faits et événements récents.

L'enseignement public, la *dotation* et l'organisation des écoles, les concours, et l'appréciation de la valeur et du *caractère-d'homme* des concurrents, pour les grades et emplois, selon les vocations ; l'importance politique et morale de la *confession* ou aveu général, fait par le mandarin, de toutes les fautes par lui commises dans l'exercice de sa charge ou de son emploi, *tous les trois ans*, et de celle bien plus solennelle, *tous les neuf*. Est-ce donc que tout cela n'est pas d'une capitale importance à connaître pour notre gouvernement et notre société présente, où tout est en chaos, montre à l'œil de l'homme moral et intelligent le spectacle le plus affligeant, d'aveuglement, d'anarchie, d'injustices, de spoliations, de mauvaise foi, de cynisme et d'audace dans le crime, d'une part; d'abjection, de dégradation, misères, souffrances et suicides, d'autre part. Il n'y aurait pas quelques mille francs à dépenser pour une mission comme celle dont s'agit, qui est immense d'importance et *imminente d'opportunité et nécessité*, par rapport à la collision anglaise présente et à la politique que cet EMPIRE SYMBOLIQUE va employer pour se défendre, quand tout menace de se détraquer ici dans la société ou tout au moins que le maintien de l'ordre y est si laborieux, et que l'on demande et vote tant de fonds tous les jours pour des choses futiles et même mauvaises !

Quant à la difficulté d'y pénétrer, tout homme intelligent et moral, montrant *par ses mœurs, ses manières et son langage*, qu'il comprend cette société, y sera admis, et même, qui plus est, pourra pénétrer dans son intérieur. Si on doute de cela, je me fais fort de l'établir à une réunion ou comité d'hommes intelligents, par mille faits pris des documents existants ici dans les dépôts publics, sur ce Peuple.

Reste la question personnelle et de capacité pour la remplir. Or qui a montré et montre une *vue de quelque portée* sur les *dogmes* et le *culte*, le *principe* et la *forme* des Empires primitifs de l'Occident méridional, et de ceux de l'Asie orientale aujourd'hui, qui sont presque identiquement les mêmes, hors quelques formes extérieures du culte *? Je n'en connais pas, moi ! Car il ne s'agit pas de traduire plus ou moins

---

* Le culte n'étant que l'image *fictive* des travaux *réels* de la cité, et ces travaux étant comme les climats, les lieux et les latitudes, le culte était varié.

couramment ici à Paris, quelques caractères de la langue chinoise écrite, mais de *saisir la synthèse* de cette immense société, et de rendre pour nous et l'Europe, d'*une manière palpable, sa pensée et sa forme sociale.* Or quel homme ici, livré à l'étude des règles d'une ou de quelques langues, et n'aimant et ne pouvant que cela, ainsi qu'il le prouve lui-même par la nature de son esprit et son exclusive occupation, a *puissance* et *compréhension* d'esprit pour le faire? Au surplus, on pourrait m'adjoindre deux personnes. Car, quand on a dépensé huit millions et peut-être plus, en 1798 et dans ces derniers temps, pour étudier les antiquités égyptiennes, on peut bien dépenser quelques mille francs pour l'étude d'une société qui mérite, je ne crains pas de le dire, encore autrement d'être étudiée, *toute vivante qu'elle est, elle!* et se montrant sous toutes les faces, à la différence de l'autre, qui ne présentait que des ruines de temples et de tombeaux.

Pardon, Monsieur, de la longueur de cette note, mais le sujet de l'entretien que j'ai eu l'honneur d'avoir avec vous hier est trop important, pour que je ne le montrasse pas à un homme si instruit et si bien fait pour le comprendre, que l'est M. Mignet.

Recevez, etc.

A.-S. BELLÉE.

Imprimerie de **GUIRAUDET** et **JOUAUST**, 315, rue Saint-Honoré.

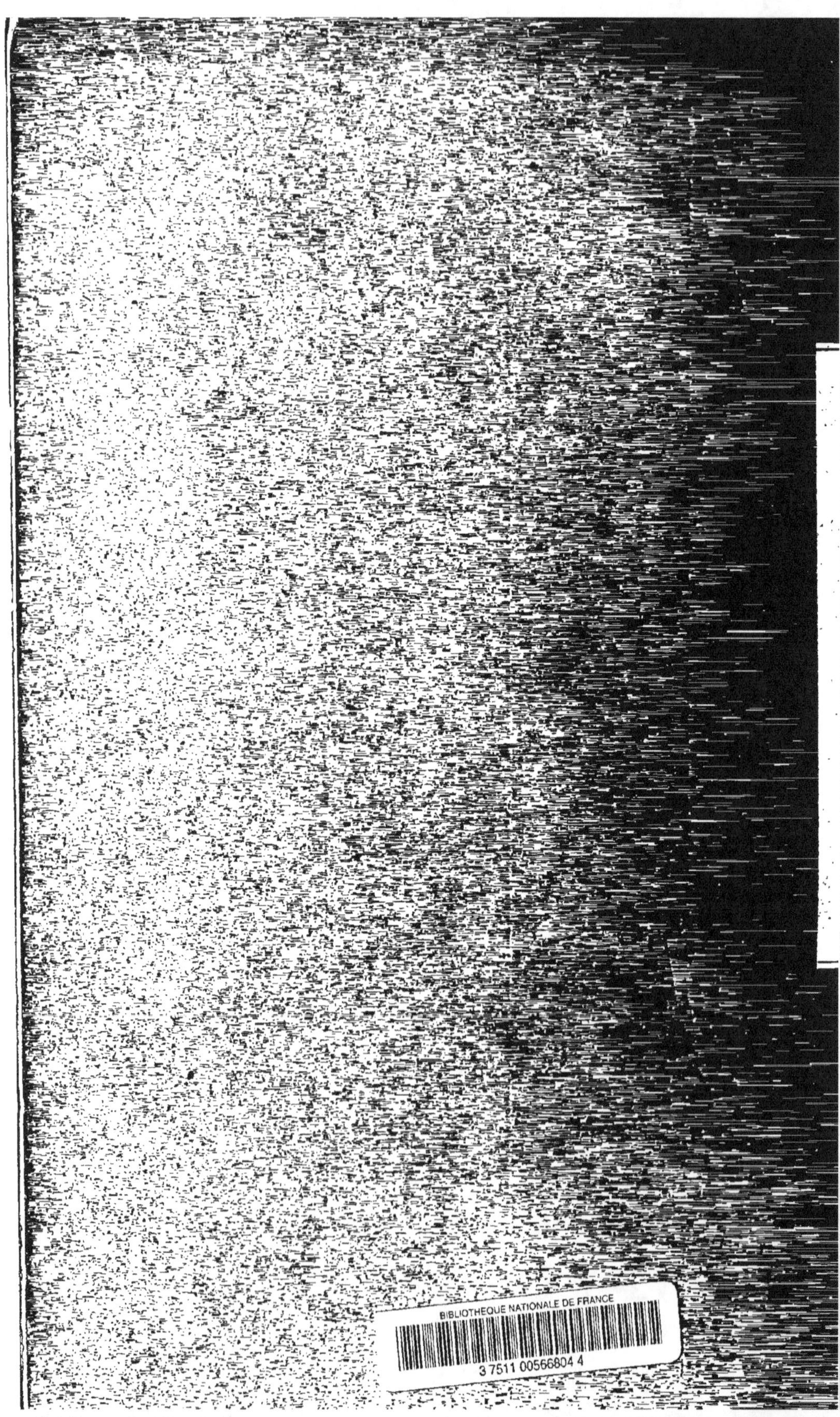

9 782012 963641